Psicología para principiantes

Introducción a la psicología básica

25 efectos psicológicos explicados de forma sencilla

por Justin Santiago

ÍNDICE

Prólogo

Los mecanismos psicológicos representan un tema que se ha investigado durante mucho tiempo. Estos mecanismos nos controlan a diario y también controlan nuestro comportamiento. Por esa razón, es aún más importante tomar conciencia de ello para poder avanzar y, además, recuperar finalmente el control del mundo de los pensamientos y sentimientos y, por tanto, de nuestra propia conducta.

Para ello, necesitas una base estable sobre la que te puedas desarrollar y es por eso que la vamos a tratar en primer lugar. Aunque nos llevará algo de tiempo y requerirá energía, notarás rápidamente que valdrá la pena. A pesar de la introducción teórica al tema, esta guía está orientada en gran medida a la práctica, de forma que puedes considerarla básicamente como un entrenamiento físico. ¿De qué sirve leer la teoría de un libro por enésima vez si aún no has cogido una pesa? Exacto: ¡de nada! Por eso es muy importante que siempre realices prácticas mientras leas este libro.

Al leer, siempre debes considerar que es preferible dedicar mucho tiempo en lugar de poco. Si lo tienes en cuenta, te darás cuenta de que puedes dar un gran paso hacia adelante y lograr tus objetivos con mucha más facilidad. De nada sirve hojear este libro una sola vez si al final no sacas nada de él posteriormente.

En la mayoría de los casos, incluso tiene sentido leer un determinado capítulo por segunda vez para asegurarte de que lo hayas entendido del todo. Asimismo, las notas que tomes durante la lectura también pueden resultarte muy útiles. Nuestros cerebros tienden a olvidar cosas, con lo que es aún más importante que sigamos recordando ciertos datos de vez en cuando. De hecho, en la práctica, esto funciona mejor a la antigua usanza: con papel y lápiz.

Durante la aplicación, siempre debes asegurarte de establecer objetivos realistas. Con estas palabras, me gustaría terminar la introducción y desearte que disfrutes de la lectura.

Psicología para principiantes: mecanismos psicológicos explicados de forma sencilla

¿Qué es la psicología?

Sigmund Freud, el padre de la psicología, y sus obras todavía influyen en muchas prácticas y formas de terapia hoy en día. ¿Pero qué es en realidad la psicología y qué la hace tan especial? Desde un punto de vista objetivo, la psicología no es más que una ciencia empírica que explica el pensamiento y el modo de actuar humanos. En este sentido, en el marco de la psicología, las causas y las circunstancias externas e internas se examinan con lupa.

Sin embargo, la psicología tal como la conocemos en la actualidad no solo fue moldeada por el padre del psicoanálisis. La filosofía también ha contribuido y ha influido en gran medida y de forma directa en el estado actual de la psicología. Además, muchas de las enseñanzas del filósofo Sócrates y de sus semejantes son aún adoptadas y desarrolladas por psicólogos para diversas terapias.

En la vida cotidiana, la psicología se conoce principalmente como psicología conductual o del comportamiento. Su objetivo es comprender mejor el comportamiento humano y, si es necesario, cambiarlo de manera positiva; es decir, su finalidad principal en este sentido es encontrar una solución adecuada al problema. En los últimos años, la PNL (programación neurolingüística) ha tenido cada vez más una mayor influencia en la psicología, lo que se puede corroborar por el hecho de que es muy práctica y produce los resultados deseados en pocas semanas.

Si se ahonda en los orígenes de la psicología, se hallarán muy rápidamente en el siglo XIX. Los defensores de la Ilustración, como Immanuel Kant, también juegan un papel importante en la teoría y práctica de la psicología actual. En 1879, Wilhelm Wundt y Gustav Theodor Fechner fundaron el Instituto de Psicología Experimental en Leipzig. Unos años más tarde, en 1896 para ser exactos, Sigmund Freud utilizó por primera vez el término psicoanálisis.

Esta guía se centra principalmente en los mecanismos psicológicos. Te preguntarás por qué es así y por qué hemos elegido este tema. En el fondo, es bastante fácil de explicar.

Desde el principio, hemos señalado que la meta principal de la psicología es entender mejor el comportamiento humano. Además, ahora también sabemos que el hombre es una criatura de hábitos, lo que significa que hacemos ciertas cosas de una manera determinada porque lo hemos aprendido así a lo largo de los años. Hemos construido un sistema de creencias particular que nos determina a nosotros mismos y, especialmente, define nuestro comportamiento cotidiano. Es de gran importancia examinar detenidamente este sistema de creencias y cuestionarlo de forma crítica. Esta es la única manera de dar un paso adelante y, por ejemplo, de cambiar los patrones de comportamiento de modo específico. Si se buscan los orígenes y desencadenantes de nuestros comportamientos, llegaremos rápido a nuestros pensamientos. Conocer y entender los mecanismos psicológicos no solo constituye una de las bases de la psicología, sino que también te ayudará directamente a comprender mejor tus propios comportamientos y patrones de conductas.

La mayoría de las personas ni siquiera son conscientes de sus acciones. Viven día tras día. Cuando se enfrentan a un problema, puede que se pregunten de dónde proviene y cómo se produjo. Sin embargo, en la mayoría de los casos, no se cuestiona suficientemente el origen de estos problemas, lo que significa que no se puede encontrar una solución satisfactoria a la dificultad en cuestión. Es justo por esta razón que hemos decidido centrarnos en este tema en el contexto de esta guía. Queremos conocer y comprender las causas para poder abordarlas mejor después. Solo si actuamos de esa manera avanzaremos y, al final, conseguiremos lo que nos hayamos propuesto.

En los capítulos siguientes, debes tomarte el tiempo que sea necesario, ya que no te servirá de mucho leer los temas por encima sin haber entendido los procesos de pensamiento y el significado que existe detrás de ellos. En muchos casos, es incluso aconsejable dedicar tiempo a leer un capítulo por segunda vez, por ejemplo, en lugar de simplemente hojearlo. Si tienes la sensación de que recibes demasiada información en poco tiempo, también puedes cerrar el libro y dejarlo a un lado.

En este punto, también debe mencionarse que la relevancia práctica juega un papel importante. Repasa el texto paso a paso y trata de poner en práctica lo que has aprendido antes de retomar el libro y seguir leyendo. La asimilación en etapas pequeñas te permite interiorizar la información lo suficiente como para poder aplicarla después de forma convincente.

Gran parte de lo que vas a leer a continuación te puede resultar irritante y posiblemente hasta ofensivo al principio. Esto se debe a que no solemos querer admitir cosas que no pertenecen a nuestro lado más positivo. En la mayoría de los casos, esto también significa que no solo debes cuestionar tu comportamiento y tus procesos de pensamiento, sino incluso ponerlos en duda. Pero lo cierto es que nuestras mentes han sido entrenadas en los últimos siglos para evitar el dolor y sentir la mayor felicidad posible, directriz o también sabiduría que ya era conocida entre los filósofos de la antigua Grecia.

¿Pero por qué es tan importante esta información y de qué manera puede ayudarte? Si notas que cierta información te confunde y te hace daño a un nivel elevado, entonces sabes que es en ese punto exacto donde tienes que empezar. Puede sonar como «sádico» al principio, pero es la única manera de salir adelante y, finalmente, lograr lo que te hayas propuesto.

Psicología simplificada: explicación de los mecanismos psicológicos

Ahora también ahondaremos de forma directa en el tema. ¿Qué mecanismos psicológicos existen y por qué son tan importantes? Se trata de una pregunta muy buena, que no es tan fácil de responder. Aunque la psicología, a diferencia de otras ciencias, no es demasiado antigua, sigue siendo rica en diversos tipos de información y, sobre todo, de teorías. Por lo tanto, resulta aún más difícil hacer una afirmación general a este respecto y, por ello, es importante ser lo bastante preciso para conseguir un acercamiento lo más individual posible a uno mismo.

Ahora bien, ya hemos indicado al principio que hay patrones humanos que pueden reconocerse y designarse muy bien, y esta es precisamente la temática que también se tratará a continuación. Te explicaré paso a paso los diferentes mecanismos psicológicos y te mostraré cómo puedes ponerlos en práctica. Te proporcionaré consejos y trucos concretos con los que podrás analizar y mejorar con facilidad tus comportamientos en la vida diaria.

Sin embargo, el requisito previo básico para ello es que realmente tenga la voluntad de cambiar.

Comprender correctamente los mecanismos psicológicos

Mecanismo de defensa: el mecanismo de defensa es un término que fue acuñado sobre todo por Sigmund Freud en el psicoanálisis. Estos mecanismos están destinados principalmente a gestionar y compensar de manera adecuada los conflictos que se encuentran en las tendencias psíquicas, entre los que se incluyen elementos como impulsos, deseos, motivos y valores. En términos simples, significa que el objetivo es lograr un estado libre de conflictos.

Como el mecanismo de defensa, al igual que todos los demás mecanismos psíquicos, funciona inconscientemente, muy pocas personas lo perciben. De ahí que resulte más importante examinar más de cerca estos mecanismos y también reflexionar sobre qué podemos hacer al respecto.

En los mecanismos de defensa, se diferencia entre mecanismos «más maduros» (por ejemplo, represión) y mecanismos «menos maduros» (por ejemplo, escisión). Por lo tanto, no es raro que se repriman ciertas situaciones de conflicto o que se esté dispuesto a ceder para alcanzar un estado libre de conflictos más pronto. Lo que no se ha considerado en tal caso, sin embargo, es que no se ha solucionado el problema por el comportamiento en absoluto, sino que se ha eliminado el dolor por un momento. Así se produce una breve **represión**, que no solo resuelve el problema aparentemente, sino que también pretende hacerle creer al subconsciente que todo está en perfecto orden. Por lo tanto, no es de extrañar que en el peor de los casos los mecanismos de defensa puedan incluso llevar a empeorar las situaciones de conflicto con uno mismo o con otra persona.

Sin embargo, un mecanismo de defensa nunca debe considerarse como un acto separado. Cuando una persona se comporta de una manera determinada, en general lo hace sin ninguna razón. En la mayoría de los casos, existen causas más profundas que se deberían analizar más de cerca en cualquier caso.

En psicología, los mecanismos de defensa no solo representan actividades reacias, sino que también sirven para proteger al mismo tiempo el equilibrio mental.

¿Pero por qué es tan importante entender qué es un mecanismo de defensa y cómo puede ayudar esta información en la vida diaria para enfrentar mejor ciertas situaciones? Es en realidad muy sencillo: si queremos cambiar algo en nuestras vidas, el primer paso es comprender por qué estamos actuando de una manera particular.

Precisamente por eso queremos examinar a continuación la forma en que los mecanismos de defensa adquieren su importancia. La forma más común, como ya se ha indicado, es la represión. La tarea de este mecanismo es proteger al ego de cualquier influencia amenazante. Nuestro yo refleja nuestro ego que, con sus convicciones y creencias, quiere estar bien en cada situación. Es justo por eso que el ego también hará todo lo posible para reafirmar sus convicciones y conservar el derecho en lo que cree.

Así que no es sorprendente que la represión dificulte el recuerdo consciente de una experiencia. Sentimientos como los de culpa, la vergüenza ante otras personas o la reducción de la autoestima son suprimidos por el superego y el ego. Este es también el origen de la mayoría de los problemas: el hecho de reprimir los sentimientos no significa que desaparezcan.

Puedes imaginarlo como un ático donde depositas más y más artículos sin limpiarlo correctamente. Así que no pasará mucho tiempo antes de que haya tantos objetos en el ático que ya no puedas moverte con seguridad en él. Así es exactamente cómo funcionan nuestra psique y nuestros sentimientos. Si reprimimos nuestros sentimientos, estos solo se acumulan, pero las emociones quieren ser vistas y percibirse.

Otra forma en la que se expresa el mecanismo de defensa es la **formación de reacciones**. Aquí los sentimientos y los motivos se reemplazan por motivos y sentimientos opuestos. Si el amor parece demasiado peligroso para el ego, simplemente se reemplaza por el odio. Huelga decir que el proceso funciona casi igual de bien a la inversa.

Aunque esta no sea una forma consciente de represión, tiene casi el mismo efecto. Por un breve momento, tu ego y tu psique se sentirán bien, pero a la larga ambos sufrirán por ello.

En la mayoría de los casos, aquí tiene lugar una transición inconsciente y, por lo tanto, también inadvertida hacia una etapa más antigua del desarrollo del ego. La frustración o incluso las conductas desafiantes vuelven a aparecer especialmente. Los asuntos problemáticos se evitan con comportamientos regresivos con la misma intensidad que con otros mecanismos. Asimismo, la retracción de personas que están en resistencia consigo mismas y con su propio sistema de creencias tampoco es un proceso raro. En este punto, el ego también ve las opiniones controvertidas como una especie de amenaza y prefiere retraerse en lugar de entablar una conversación.

Si no se evita un conflicto interno, en la mayoría de los casos se produce la negación de la realidad. En lugar de reprimir sentimientos que parecen desagradables, uno simplemente niega un estado existente de la realidad. Dado que este proceso tiene lugar inconscientemente, solo muy pocas personas son conscientes de ello. En este caso, el significado de una situación particular no se percibe, aunque en realidad esté presente y exista. Si, por ejemplo, las represiones se notan en la propia realidad, no se reconocen a nivel emocional y racional para no volverse vulnerable.

Este proceso se refleja sobre todo en las situaciones sociales cuando estamos en conflicto con otra persona. En esta situación, el otro no tiene que atacarnos ni insultarnos. En la gran mayoría de los casos, basta con que el propio ego perciba la situación como una amenaza. En este caso, el escenario o el conflicto existente ni siquiera se perciben, sino que se denomina como inexistente. Como resultado, los conflictos en las situaciones sociales ya no se resuelven, sino que simplemente se evitan.

Este proceso es muy similar a otra forma de mecanismo de defensa, a saber, la **evitación**. En este caso, se trata de pasar por alto los impulsos; al menos, así es como lo describe el psicoanálisis. Si una determinada afirmación o un cierto estado nos parece una amenaza demasiado peligrosa para nuestro ego, la realidad simplemente se desplaza. El desplazamiento, por tanto, describe un estado en el que los pensamientos, sentimientos e impulsos se desplazan de una persona a otra. De esta manera, la persona a la que en realidad se pretende llegar permanece intacta.

Este proceso puede observarse con especial frecuencia en la vida cotidiana. Si, por ejemplo, no nos gusta la afirmación sobre una persona determinada, entonces interviene nuestro ego y así se transfiere la afirmación desagradable a una persona que emocionalmente no es relevante para nosotros. En el deporte y en la política en particular, se puede ver con mucha frecuencia este tipo de desplazamiento. Por ejemplo, si estamos en un partido y un miembro de la oposición hace una declaración desagradable sobre un político popular de nuestras filas, tendemos a desplazar esa opinión a otro político. Así no tenemos que responsabilizarnos de esta situación, pero podemos transferirla a nivel mental a otra persona. De esta manera, no pasa mucho tiempo hasta que empiezan a dialogar entre ellos.

Sin embargo, este tipo de evitación no solo es frecuente y fuerte en el deporte y en la política. Este mecanismo de defensa también se puede observar con mucha asiduidad en nuestra vida cotidiana. Por ejemplo, si una persona formula una opinión desagradable sobre otra con la que nos llevamos bien, entonces la trasladamos a otra persona. Si el ego quiere hacerlo lo más simple posible, simplemente niega una situación particular. Aunque no corresponda a la realidad, el ego puede escapar con facilidad de la sensación de dolor y eliminar el peligro que perciba lo antes posible. Las frases como, por ejemplo, «No siento nada por x» son muy frecuentes en esta clase de circunstancias.

Incluso si no queremos abrirnos a otras personas, tendemos a negar ciertos estados emocionales que son reales. A largo plazo, el resultado es de nuevo una represión inconsciente y perjudicial.

Uno de los mecanismos de defensa más conocidos es la **proyección**. Tal vez hayas oído hablar de este término antes porque hoy en día también está muy influenciado por la psicología en la vida cotidiana. ¿Pero de qué estamos hablando cuando hablamos de proyección?

Una proyección consiste en la transferencia de comportamientos y procesos de pensamientos desagradables a la otra persona, como la que resulta, por ejemplo, de una imagen reflejada en un espejo. Este proceso es también inconsciente en la mayoría de los casos y, por lo tanto, apenas es advertido por la mayoría de las personas. Como no se quiere lidiar con los sentimientos y pensamientos desagradables que preocupan, simplemente se transfieren al contrario.

Este proceso tiene lugar sobre todo cuando otra persona del exterior quiere confrontarnos con estos sentimientos y pensamientos. Eso no significa que esta persona vaya a ofendernos, pero nuestro yo percibe directamente este tipo de confrontación racional de una persona externa como una amenaza y, de modo natural, querrá eliminarla lo antes posible. La mejor forma, y también más rápida, para nuestro ego es trasladar esas afirmaciones a nuestro contrario, aunque en realidad se apliquen a nosotros mismos. Por eso, no es raro que una conversación normal degenere muy rápido en una discusión que no habría surgido si el ego no hubiera prevalecido en este punto. Esta es la forma en que nuestro ego desplaza situaciones, sentimientos y también pensamientos concretos, aunque no siempre ocurre a nivel emocional.

Un mecanismo de defensa muy conocido es, por ejemplo, la **racionalización**. También podemos suprimir los problemas racionalizándolos. Así, por ejemplo, los motivos de acción racionales y lógicos se utilizan como pretextos para eludir un acto determinado, así como sentimientos que parecen desagradables.

Puede que ya hayas experimentado esto alguna vez: estabas a punto de ir al gimnasio, pero de repente encontraste innumerables razones racionales por las que preferiste aplazar el deporte planeado de un día para otro. Por lo tanto, puede suceder que nunca llegue ese día porque en su lugar siempre te escudas en razones racionales.

Sin embargo, no son solo los eventos físicos los que nos gusta reprimir a nivel racional. Incluso sentimientos y pensamientos que nuestro ego clasifica como peligrosos pueden evitarse con «argumentos» racionales. Se trata simplemente de excusas para no exponernos a situaciones y sentimientos incómodos para nosotros.

Por si esto no fuera suficiente para el ego, la **sublimación** entra en juego muy rápidamente. En este caso, los deseos instintivos se reemplazan por acciones de sustitución socialmente más valoradas. Esto puede manifestarse, por ejemplo, en un exceso de deporte o de trabajo que al final puede llevar al agotamiento. Este también es un tipo de desplazamiento que puede funcionar incluso durante un corto período de tiempo. A largo plazo, sin embargo, tanto la salud física como mental pueden resentirse. Los impulsos agresivos, por ejemplo, se suelen sublimar con el deporte.

No obstante, también hay técnicas de sublimación que son incluso sanas por un periodo corto y en buenas dosis. A la larga, sin embargo, siempre es recomendable abordar primero el problema real. Después de todo, aún no se ha conseguido reprimir los impulsos y deseos solamente con otras ocupaciones. Freud ya lo sabía, de ahí que haya utilizado este enfoque una y otra vez en sus terapias.

Los mecanismos de defensa no siempre se expresan en un espectro tan profundo e intenso. Dado que existen muchas clases diferentes, no es de extrañar que algunos mecanismos funcionen de manera inconsciente, por lo que no pueden percibirse a corto plazo como es el caso, por ejemplo, de la **devaluación y la idealización.** Aquí, los objetos a nivel inconsciente están completamente devaluados o fuertemente sobrevalorados. De nuevo en este contexto, la razón es encontrarse en una realidad desagradable que nuestro ego no quiere ver.

Si, por ejemplo, una persona hace una afirmación negativa sobre un objeto que es muy importante para nosotros a nivel personal, solo idealizamos más el objeto en cuestión en ese momento. Estos procesos también se controlan de forma inconsciente en su totalidad, por lo que es más importante darse cuenta de ellos de manera consciente para poder hacer algo al respecto a su debido tiempo.

Si eso no ayuda, nuestro ego salta para neutralizar los objetos, aunque nos parezcan de todo menos neutrales. Aunque internamente sabemos que este no es el caso y que estos sentimientos y pensamientos tienen un significado para nosotros, seguimos intentando reprimirlos y neutralizarlos para nuestro entendimiento. Cuando una persona del exterior nos pregunta cómo nos sentimos con respecto a una situación en un determinado momento, entran en juego frases como: «Bueno, eso no es tan malo», aunque en nuestro interior la percibamos de forma completamente diferente. El objetivo de este proceso es evitar la intensificación del campo interpersonal. Cuando nuestro ego califica una situación como particularmente amenazante, en la mayoría de los casos este proceso es tan rápido e inconsciente que casi nunca lo notamos. Los sentimientos y pensamientos ya no se ven ni se reconocen como sería normal, sino que se consideran sin importancia, aunque esto no se corresponda con la realidad.

Si estos mecanismos se llevan a cabo durante años sin ser cuestionados, pueden surgir rápidamente problemas que en la mayoría de los casos ni siquiera percibamos, y eso es justo lo peligroso de todo esto. Primero tienes que entender tus propios mecanismos a la perfección para poder ponerlos en práctica después, ya que solo si entendemos una cuestión de manera correcta podremos cambiarla *a posteriori*. Esto nos podrá llevar algo de tiempo y energía al principio, pero siempre valdrá la pena para el período posterior.

En el ámbito de la psicología se sabe desde hace mucho tiempo que la psique humana es compleja y, justo por esta razón, no se puede hacer ninguna afirmación general. Ya al principio de este libro afirmábamos que los seres humanos actuamos de acuerdo a ciertos patrones y que es muy importante reconocerlos a tiempo. Dado que estos patrones son hábitos inconscientes en la mayoría de los casos, los asumimos de forma incorrecta a diario, pero eso no significa que no se pueda hacer algo para cambiarlo. Solo necesitamos saber de lo que se trata y luego entender que, en la mayoría de las situaciones, se pueden reestructurar los hábitos de manera fácil y efectiva.

¿Pero por qué es tan difícil para la mayoría de la gente y qué se puede hacer al respecto? Desde hace tiempo se sabe gracias a la psicología del comportamiento y a la PNL (programación neurolingüística) que los hábitos que adoptamos a diario se basan en su mayor parte en **creencias** que han surgido en el pasado. Dado que estas creencias no son tan fáciles de entender, es importante considerarlas siempre de manera global y nunca se deben examinar como únicas. En la gran mayoría de las situaciones, esto conduce a interpretaciones erróneas que no contribuyen a encontrar una solución adecuada. Una creencia no suele existir sola, sino que la mayoría de las veces hay presente un **sistema de creencias** que influye e incluso se adopta a diario. Por consiguiente, es más importante empezar por este punto para resolver el verdadero problema de esta situación al final.

Ahora bien, ¿qué significa a diario y qué se puede hacer como individuo para comprender mejor los mecanismos de defensa y cambiarlos por propia voluntad? El paso primero y más importante es percibir conscientemente los mecanismos.

En la vida diaria podemos reconocer y apreciar este tipo de eventos muy bien y con facilidad. Lo sustancial es que hagamos estas cosas visibles una y otra vez en un nivel consciente y, para ello, es muy útil y práctico llevar un diario. Psicólogos y conductistas han descubierto que tenemos alrededor de 60 000 pensamientos al día, una cantidad bastante considerable pero no lo peor. Lo aterrador es que solo el 3 % de estos 60 000 pensamientos son positivos; el resto se puede tirar literalmente a la basura. Con un número tan grande de pensamientos, es obvio que se puede perder rápidamente la pista de qué pensamientos son en realidad relevantes para uno.

Pero esto no significa que no haya nada que se pueda hacer al respecto. Si sigues recordando de manera consciente tus pensamientos y sentimientos, puedes cambiarlos con posterioridad si fuera necesario, pero lo cierto es que la mayoría de las personas no saben por dónde empezar. Como ya se mencionó al principio, un diario es la mejor herramienta si quieres tener una visión general de tus propios sentimientos y pensamientos. No obstante, es importante utilizarlo a diario. Esta es la única manera de avanzar y de alcanzar las metas. Trata de convertirte en tu propio observador cada día y pronto notarás que empiezan a cambiar para mejor muchos aspectos de tu vida.

Además, no debes tener unas expectativas demasiado altas desde el comienzo. Es importante fijarse metas si se quiere modificar algo, pero lo es aún más fijarse metas realistas. En psicología, la **autoeficacia** es un requisito básico para inducir el cambio con éxito y también para cambiar los patrones de comportamiento. Esto es lo que decidirá en última instancia si estos patrones de conducta negativos se pueden eliminar o no. Si te estás preguntando cómo será todo en la práctica, no tienes que preocuparte, ya que este tema se tratará a continuación en profundidad.

¿Cómo funciona la psique humana? ¡Un viaje a través del tiempo a la Edad de Piedra!

La mayoría de las personas no son conscientes de su propio comportamiento. No saben por qué actúan como lo hacen y qué pueden hacer al respecto. Tal vez ya hayas oído la siguiente frase: «La mayoría de las personas no viven su propia vida», en la que hay mucho más contenido de lo que la mayoría piensa. Muchas personas viven día tras día y ni siquiera son conscientes de lo que realizan a diario, lo que hace que sea aún más importante que primero nos demos cuenta de las cosas. Si has estado tratando la psique humana durante bastante tiempo, es probable que ya hayas apreciado que es mucho más compleja de lo que podrías imaginarte en un principio.

Es por eso que no se puede hacer ninguna afirmación generalizada sobre una persona. Sin embargo, es imprescindible que examinemos algunos patrones más detenidamente en este capítulo, ya que desempeñan un papel importante. Las situaciones de estrés en particular suelen originarse mucho más atrás en el pasado. El **miedo y** el **estrés** han sido considerados durante mucho tiempo dos de los mayores motivadores de la psicología. En el pasado, solíamos emplear nuestro miedo para sobrevivir y, así por ejemplo, si nos excluían de nuestra horda, eso podía significar para nosotros la muerte en la gran mayoría de los casos. Y esa es también la razón por la cual hoy en día todavía seguimos cayendo en situaciones de estrés muy rápido. La gran mayoría de las personas no son conscientes de ello y no saben lo que puede hacer al respecto. Pero el paso inicial y fundamental es tomar conciencia de estos mecanismos psicológicos y también reconocer dónde se encuentran las causas de estos patrones de conducta.

En definitiva, este es el único modo de cambiar estos patrones. No obstante, no son solo los modelos de comportamiento implantados desde la Edad de Piedra los que influyen en nuestra conducta habitual y, por tanto, también en nuestros mecanismos. Nuestros pensamientos también tienen el poder de ejercer una fuerte influencia, pero la mayoría de nosotros ni siquiera sabemos qué influencia tienen en nuestro comportamiento usual.

Desde un punto de vista objetivo, una creencia no es más que una convicción, aunque en la mayoría de los casos esto no termina aquí. Nuestra mente está condicionada por la búsqueda constante de evidencias de nuestras creencias, y la llevamos a cabo todo el tiempo en forma de comportamientos en la vida cotidiana. Pensamos, sentimos y nos comportamos de cierta manera para reconfirmar nuestra visión del mundo, y solo así podemos mantener nuestras creencias a diario.

En este punto es importante saber que una creencia nunca aparece sola. Detrás de ella existe todo un sistema que debe examinarse en detalle para comprender mejor las creencias, así como entender por qué y de qué forma funcionan. Si lo llevas a cabo, también te darás cuenta de que puedes concebir y cambiar mejor tus mecanismos psicológicos. Detrás de un sistema completo de creencias suele haber muchos años de trabajo que, por supuesto, también debería analizarse y comprenderse.

Este proceso también se describe en ciencias sociales como «programación social». Se quiera creer o no, nuestro entorno nos influye constantemente. ¿Alguna vez has escuchado la frase «Eres la media de las cinco personas con las que pasas más tiempo»? Esta afirmación no solo se aplica a nuestro entorno social, sino también a nuestro ambiente en general.

Vivimos en una época en la que estamos continuamente rodeados de nuevos estímulos. Solo tenemos que ir al centro de la ciudad para ver todos los carteles publicitarios que de forma constante están tratando de llamar nuestra atención. Si somos conscientes de estas circunstancias, también daremos un gran paso adelante y, al final, conseguiremos mucho más si sabemos lo que es esencial. Asimismo, nuestros propios mecanismos, que nos influyen cada día, están en verdad guiados por otras influencias externas, lo que hace que sea aún más importante estar muy atentos en este sentido, para descubrir dónde se encuentran las verdaderas causas de nuestros mecanismos psicológicos.

Cómo reconocer y cambiar los mecanismos psicológicos: la psicología en la vida cotidiana

Lo que importa al fin y al cabo es poder reconocer los mecanismos que se acaban de aprender en la vida diaria y utilizarlos para sí mismo. De hecho, esta es la única manera en la que la psicología te puede resultar útil. ¿Pero qué significa en realidad utilizar la psicología en la vida cotidiana y qué se puede representar? A primera vista, la psicología es un término muy amplio que no puede generalizarse y su objetivo, como ya se ha mencionado al principio, es comprender mejor el comportamiento humano y también sus causas para poder cambiarlas después. En definitiva, eso es lo esencial y en lo que debemos concentrarnos.

Para cambiar determinados mecanismos en uno mismo, primero hay que buscar las causas individuales de ellos. Dado que cada uno de nosotros tiene un pasado diferente y, por lo tanto, se ve afectado por otras influencias en el día a día, es importante examinar detenidamente los propios mecanismos desde el principio. Sin embargo, la mayoría de las personas se preguntan por dónde empezar y qué es lo que necesitan tener en cuenta en esta etapa. Para que te resulte lo más fácil posible, me gustaría llevarte de la mano en este capítulo y mostrarte paso a paso cómo puedes descubrir mejor y, por tanto, cambiar tus mecanismos psicológicos.

Toma de conciencia

Ya en la antigua filosofía griega se sabía que la toma de conciencia supone el primer paso para cambiar. Sócrates, por ejemplo, inculcó este pensamiento a la gente de la antigua Grecia en los mercados y, aún hoy en día, esta sabiduría arcaica sigue siendo válida. Solo cuando nos damos cuenta de una cuestión determinada, en realidad podemos cambiar algo. De lo contrario, nos resultará muy difícil resistir o buscar una solución adecuada.

Ya señalamos al principio del libro que la mayoría de los mecanismos psicológicos ocurren inconscientemente. Esa es también la razón de que en la mayor parte de los casos no los percibimos en la vida cotidiana: tienen control sobre nuestros sentimientos y, por tanto, sobre nuestro comportamiento, en lugar de ser al revés. En este capítulo queremos modificar exactamente este aspecto. Debes tener el control sobre tus sentimientos y pensamientos para que al final pueda cambiarlos como desees. En el primer paso, sin embargo, inicialmente necesitas tomar conciencia de los mecanismos psicológicos que te controlan en la vida diaria, ya que esta representa el mejor momento para observar de cerca nuestros mecanismos. Para este proceso, también debes emplear un pequeño cuaderno y un lápiz para poder documentarlo todo después.

Como ya hemos indicado al principio, nuestra mente está entrenada para ocultar y olvidar rápidamente todo lo que nos parece desagradable a primera vista. No obstante, estos son justo los puntos con los que deberíamos empezar, pues son los que nos harán avanzar más adelante. Si algo nos parece desagradable en un primer momento y queremos olvidarlo, en la mayor parte de las situaciones hay una especie de verdad escondida que tampoco queremos ver. Ahora bien, en la psicología y en la investigación conductual se conoce desde hace tiempo que estos son precisamente los puntos en los que nosotros, como personas, podemos crecer más y, por tanto, también desarrollarnos. En consecuencia, debes prestar y conceder especial atención a estos aspectos. Si lo haces, te darás cuenta de que estás dando un gran paso hacia adelante y podrás cambiar tus propios mecanismos de manera mucho más efectiva.

Es probable que ahora te estés preguntando cómo debería verse en la práctica todo el proceso de la toma de conciencia y, precisamente por eso, queremos entrar en este tema con un poco más de detalle. Como ya se mencionó al principio, es importante dedicar al menos una semana en la que debes observar tu propio **comportamiento**, **sentimientos** y también los **pensamientos.** Estos tres factores influyen entre sí en la mayoría de los casos. Nuestros sentimientos tienen una influencia directa en nuestros pensamientos que luego influyen de nuevo en nuestro comportamiento cotidiano. Eso es lo que importa al final y lo que queremos cambiar, de ahí que sea más conveniente que abordemos estas causas y las investiguemos más de cerca.

Si deseas tomar notas de su propia conducta, es muy importante que prestes atención a los **patrones.** Los patrones influyen directamente en nuestro comportamiento cotidiano y nos muestran qué mecanismos psicológicos están en primer plano. En este punto, no debes tener miedo de las verdades desagradables. Siempre sé consciente de que no tienes que justificarte ante ninguna otra persona en este proceso. Todo lo que tienes que hacer es ser honesto y sincero contigo mismo. Si te tropiezas con una verdad que no se corresponde con la realidad, puede ir bien por un breve momento, pero al final también saldrá mal. Por esta razón, es aconsejable empezar por este apartado y descubrir por ti mismo lo que funciona mejor y lo que no. Después de una semana como mínimo, será el momento de sacar conclusiones y, aunque puede llevarnos algún tiempo, será muy útil en el proceso de cambio.

Aquí exponemos algunas preguntas que pueden ayudarte en la reflexión:

- ¿Qué mecanismos se han producido con especial frecuencia en la vida cotidiana?

- ¿Hasta qué punto estos mecanismos han influido en ti?

- ¿En qué situaciones fueron estos mecanismos muy evidentes?

- ¿Cómo te sentiste en estas situaciones? ¿Qué pensamientos estaban presentes ante todo?

- ¿Han cambiado ciertos mecanismos en determinadas situaciones? En caso afirmativo, ¿qué mecanismos fueron?

- ¿Ha habido mecanismos concretos que hayas utilizado en situaciones sociales que a primera vista te parecieran incómodos? En caso afirmativo, ¿qué mecanismos fueron? (descríbelos de la manera más exacta posible)

- ¿Has tenido ciertos pensamientos, como dudas sobre ti mismo u otros pensamientos negativos, que vinieran a tu mente durante estos mecanismos?

Estas preguntas pueden parecerte inútiles a primera vista, pero en la mayoría de los casos no lo son. Reflejan nuestra psique y es más importante descubrir cómo funciona. Al fin y al cabo, es la única manera de poder cambiar algo, así que tómate el tiempo necesario para responder estas preguntas.

Planificación del cambio

Puede que ya hayas escuchado la frase «Quien no tiene un objetivo no puede alcanzar ninguno», afirmación en la que hay mucho más contenido de lo que la mayoría de la gente es consciente. Eso no significa que tengas que planear cada segundo de tu vida, pero, si te fijas metas concretas, es mucho más probable que puedas alcanzarlas después. Por supuesto, esto también se aplica a nuestros mecanismos psicológicos. También, en este apartado, te recomendamos que saques una hoja y un lápiz y empieces a escribir.

Preguntas sobre el cambio:

- ¿En qué medida me afectan mis mecanismos actuales, que llevo conmigo en la vida cotidiana?

- ¿Cómo se distribuye mi estado de ánimo a lo largo del día? ¿Mis acciones diarias me hacen sentir enérgico o más bien deprimido?

- ¿Qué mecanismos preferiría cambiar en qué situaciones por otros mecanismos o hábitos?

- ¿Qué es exactamente lo que quiero cambiar en mi forma de pensar y de actuar de cada día? ¿Qué es justo lo que me molesta?

- ¿Cómo debería ser exactamente este cambio?

- ¿Qué ventajas tengo si modifico ciertos mecanismos psicológicos en mi vida diaria?

- ¿Hasta qué punto cambia esto mi estado emocional?

Te preguntarás por qué estas cuestiones juegan un papel tan importante y, en términos básicos, es bastante simple: solo cuando tienes un objetivo, también puedes lograr uno. Esta es la razón por la que queremos examinar más de cerca esta meta y también averiguar cómo debería ser para nosotros. Solo si tienes una brújula que te guíe, llegarás a alguna parte, lo que hace que sea imprescindible alinearla de antemano.

El cambio

Gracias a la psicología y a la investigación conductual, se sabe que una persona necesita de 30 a 60 días para instalar un nuevo hábito por completo. Para algunos, por supuesto, este tiempo puede ser algo inferior o superior, por lo tanto se trata solo de un valor orientativo a seguir, pero al que no hay que aferrarse.

Un requisito básico para un cambio exitoso es la **autoeficacia**, término que se acaba de acuñar y difundir en la etapa moderna de la psicología. Describe el estado en el que uno se encuentra como individuo cuando se tiene éxito en lo que se ha propuesto; es decir, las propias metas. En este sentido, no se trata de demostrarle algo a alguien más, y esto debe separarse para que no haya malentendidos. El punto principal es poder demostrarte a ti mismo que eres capaz de alcanzar un objetivo específico. Si alineas la realización de tus objetivos con este principio, también constatarás que puedes cumplir tus propias metas mucho más fácilmente. Sobre todo al principio, tiene sentido poner el listón más bajo que demasiado alto. Por lo tanto, en los inicios es importante que te fijes metas pequeñas (y no grandes), pero realistas que te ayuden a progresar.

Entonces, ¿cuál es el siguiente paso? ¿Cómo puedes cambiar los mecanismos psicológicos en tu vida diaria, y qué es lo que tienes que tener en cuenta? El paso inicial y más importante en el proceso del cambio es enfrentarte a estas situaciones. Si lo que haces es decirte a ti mismo todo el tiempo que todo está bien, aunque no sea así, te darás cuenta rápidamente de que estás mintiéndote a ti mismo, pero no avanzarás. Por lo tanto, es fundamental empezar desde aquí y averiguar qué es lo que funciona mejor y lo que no. Durante este período, siempre es útil tomarse un tiempo para reflexionar sobre lo que ha marchado bien y lo que no. Si lo haces, te darás cuenta de que estás dando un gran paso hacia adelante y que al final serás capaz de conseguir lo que te hayas propuesto con mayor eficacia.

Sustitución de los mecanismos negativos por mecanismos positivos

Los mecanismos psicológicos no tienen por qué ser malos a primera vista. Si leíste con atención el principio de este libro, recordarás que la razón original de nuestro comportamiento y sobre todo de nuestros mecanismos era positiva. Nuestro ego quería protegernos del peligro y todavía lo hace hoy en día. Nuestros procesos bioquímicos, sin embargo, siguen siendo en su mayoría de la Edad de Piedra, lo que lleva al hecho de que aún en el siglo XXI nuestras mentes no hayan aprendido a distinguir entre peligros verdaderos y falsos. La realidad es que en el mundo occidental no estamos expuestos a peligros que amenacen nuestra vida, como ocurría en la Edad de Piedra con los mamuts. Ahora bien, dado que nuestros mecanismos apenas han cambiado, es muy importante empezar por este punto y averiguar qué se puede hacer al respecto.

La mejor manera de deshacerse finalmente de los mecanismos negativos es reemplazarlos por otros positivos. Si haces esto, te darás cuenta de que estás progresando y que puedes cambiar toda tu vida para mejor.

25 efectos psicológicos explicados de forma sencilla

Los efectos psicológicos son fenómenos interesantes con los que te encuentras todos los días, que influyen de manera significativa en tu forma de pensar y que inconscientemente te conducen a determinadas acciones y conductas.

Esta guía te presenta 25 efectos psicológicos. El texto está dirigido sobre todo a principiantes y a personas que, en general, están interesadas en la psicología. El objetivo es introducirte un poco en el mundo de los efectos psicológicos con explicaciones de cada uno de ellos. Seguro que ya habrás escuchado o leído acerca de algunos de estos efectos y otros te serán completamente nuevos.

El enfoque temático se centra en los errores y las faltas que se cometen en el día a día con respecto al pensamiento lógico. Las explicaciones de los efectos individuales siguen el lema: « Lo bueno si breve, dos veces bueno» y, después de ellas, encontrarás algunos ejemplos y pequeños experimentos de pensamiento para ayudarte a entender los respectivos efectos psicológicos. Te enseñaremos, por ejemplo, cómo la publicidad o la política utilizan estos pequeños trucos psicológicos para provocar un cierto comportamiento y pensamiento. Al final, te daremos pequeños consejos para casi todos los efectos sobre cómo escapar de las numerosas trampas psicológicas de la vida diaria.

1. Prueba social

El efecto de la prueba social, al que a menudo se hace referencia como «instinto de manada», dice: Te comportas absolutamente bien cuando te comportas como los demás; es decir, cuanto más les guste una idea a las personas, más acertada se vuelve. No hace falta pensar mucho para darse cuenta de que se trata de una actitud muy ingenua. Sin embargo, el instinto de la manada está muy anclado en el comportamiento humano porque ha demostrado ser una buena estrategia de supervivencia en el pasado evolutivo.

Con el famoso experimento de Solomon Asch, el efecto de la prueba social ya se probó de manera impresionante en 1950. En este experimento, se presentaron líneas de diferentes longitudes a los sujetos de prueba para su comparación. Si eran entrevistados solos, podían determinar con facilidad qué líneas eran más largas o más cortas que las demás. Para probar el efecto de la prueba social, se pidió a los cómplices (actores) del investigador a entrar en la sala y a dar respuestas erróneas deliberadas en cuanto a la longitud de las líneas. En el 30 % de los casos, esta presión de grupo dio como resultado que los sujetos de la prueba también dieran la misma respuesta errónea. En la actualidad, el efecto de la prueba social tiene lugar casi sistemáticamente en las diversas áreas e industrias. Ya sea en el mundo de la moda, del ocio, de la religión o del mercado de valores, este instinto de manada se puede ver en casi todas partes; por supuesto, la publicidad también se aprovecha de este efecto. Numerosas empresas anuncian sus productos con eslóganes como «el más vendido» o el producto X «más utilizado». Aunque esto en el fondo no dice nada sobre la calidad del producto en sí, debe ser bueno porque todo el mundo lo utiliza. Esa es al menos la lógica equivocada detrás de estos eslóganes publicitarios.

Para no caer en el efecto de la prueba social, te resultará útil recordar una frase que seguro que todo el mundo ha oído de sus padres: «Si todo el mundo se tira del puente, ¿tú también te tiras?»

2. La ilusión del control

La psicología designa la tendencia a creer que se puede controlar algo sobre lo que objetivamente no se tiene ninguna influencia como ilusión del control. Esta tendencia se remonta al deseo del hombre de tener control sobre su vida y sus acciones. En general, a los seres humanos les resulta muy difícil aceptar los eventos como puras coincidencias.

He aquí algunos ejemplos:
En el juego de dados, los jugadores tienden a tirar más fuerte si quieren un número alto, y más suave si quieren un número bajo. Al jugar a la lotería, la mayoría de los jugadores asumen que tienen mayores posibilidades de ganar si rellenan por sí mismos sus boletos. Y, por supuesto, ambas suposiciones son completamente absurdas.

En Manhattan, hay botones en las luces de los peatones que no tienen ninguna función, pero, cuando los presionan, los viandantes se creen que tienen una influencia sobre el control del semáforo. Se ha demostrado que los peatones toleran mucho mejor la espera de esta manera.

Como consejo para evitar la ilusión del control, es recomendable concentrarse en las cosas en las que realmente se puede influir y aceptar eventos casuales como tales.

3. El efecto de propiedad

El efecto de propiedad, también conocido como efecto de dotación, en psicología y economía se refiere al efecto de tender a dar más valor a los objetos que posees que a las cosas que no tienes. En otras palabras, cuando vendes algo, exiges más dinero del que estarías dispuesto a pagar por ello.

El psicólogo Dan Ariely, entre otros, ilustró este efecto con el siguiente experimento: sorteó entradas entre sus alumnos para un importante partido de baloncesto. Después de la rifa, pidió a los estudiantes que no habían ganado una entrada que indicaran el precio que pagarían por una. Por término medio, los alumnos estaban dispuestos a pagar alrededor de 170 dólares por una entrada. Luego les preguntó a los que sí habían ganado entradas por cuánto dinero las volverían a vender y, de media, los estudiantes exigían 2400 dólares por una sola entrada. La conclusión de Ariely fue que, al poseer las entradas, el valor había aumentado enormemente, por lo que el efecto de dotación se hizo evidente.

El efecto de propiedad también explica en parte la increíble pasión coleccionista de algunas personas. Ya sea un coleccionista de sellos, un coleccionista de arte o un coleccionista de cromos de Panini, acumular cosas es mucho más fácil para las personas que tirarlas. Esto a menudo va en contra de toda lógica y razón económica: los objetos no aumentan de valor solo por poseerlas.

Para luchar contra el efecto de dotación, ayuda, como tantas veces, mantener cierta objetividad y distancia a la hora de determinar el valor de las cosas. No añadas demasiadas emociones a las posesiones y considéralas solo como compañeras temporales de tu vida.

4. La negligencia de la tasa base

La psicología habla de una negligencia de la tasa base, a veces referida en Alemania como error de prevalencia o error de la tasa básica, cuando una descripción (demasiado) exacta te seduce para desviar la atención objetiva de la verdad estadística. La negligencia de la tasa base es uno de los errores de pensamiento más comunes y el efecto psicológico puede aclararse con un ejemplo.

Imagínate a un hombre delgado con gafas al que le gusta escuchar música clásica. ¿Qué crees que es más probable? Uno: el hombre es camionero; o dos: el hombre es profesor de psicología en Berlín. La mayoría de la gente apostaría que se trata de un profesor de psicología de Berlín, pero es muy probable que estén equivocados. Hay diez mil veces más camioneros que profesores de psicología, por lo que la probabilidad de que el hombre sea un camionero al que le gusta escuchar música clásica es mucho mayor. Es probable que el hecho de que le guste escuchar música clásica distraiga de la verdad estadística objetiva.

Las personas de prácticamente todos los grupos ocupacionales caen con regularidad en la falacia de la tasa base con la excepción de un grupo: los médicos. Los médicos están entrenados expresamente para evitar el error de la tasa base.

A continuación, presentamos otro ejemplo: si alguien va a tu consulta con dolor de cabeza, no tiene sentido sospechar de un tumor cerebral mortal y examinar al paciente por eso, sino que es mejor explorarlo para detectar una simple cefalea tensional o una infección viral. Una famosa frase que se les dice a los estudiantes de medicina en EE. UU. para inculcarles la negligencia de la tasa base es: «Si escuchas ruidos de cascos en Wyoming y piensas que ves rayas blancas y negras, lo más probable es que sea un caballo» (y no una cebra).

5. La reciprocidad

La reciprocidad en psicología y sociología describe la correspondencia mutua en el intercambio social. La reciprocidad se basa en el fenómeno de que al hombre le suele resultar difícil soportar estar en deuda con alguien.

La reciprocidad es utilizada con frecuencia por los recaudadores de fondos. Así, puede ser que recibas un brazalete como regalo en una zona peatonal (supuestamente) tejido por un niño de África. En la siguiente esquina, te preguntarán si no quieres donar algo a los niños africanos. La organización de voluntariado espera que te sientas obligado a devolver algo y a seguir la llamada de las donaciones.

Otro ejemplo de reciprocidad se puede encontrar en el supermercado, donde no solo se puede ofrecer un producto para degustar, sino para crear una sensación de culpa que, con el tiempo, te tentará a comprarlo.

La reciprocidad también puede tener un lado muy desagradable, ya que también es la base de la venganza y las represalias: si alguien hace algo malo a otra persona, esta le paga como mínimo con la misma moneda.

No se sienta obligado a mantener siempre la cuenta equilibrada con todos. A veces no tiene sentido.

6. El sesgo de acción

Se habla de sesgo de acción (traducido al alemán como hiperactividad), por ejemplo, cuando uno se vuelve activo, aunque no sirva para nada. Este comportamiento se justifica por la evolución, ya que en la historia temprana de la humanidad, en tiempos de cazadores y recolectores, por lo general valía la pena actuar con rapidez y reactividad en lugar de esperar y pensar con detenimiento. Hoy en día, sin embargo, las exigencias han cambiado tanto que vale la pena pensar detenidamente antes de adoptar medidas, pero, en caso de duda, uno tiende a actuar.

En este sentido, podemos ver dos ejemplos:
seguro que sabes cómo pararte en los atascos de tráfico y avanzar lentamente. Aunque cambiar de carril en este tipo de escenario no nos hace ganar tiempo, algunos conductores tienden a cambiarse todo el tiempo. Esto les hace sentirse menos a merced de la situación y hacerles pensar que pueden ir más rápido, aunque no

sea objetivamente el caso. Algunos conductores prefieren incluso desviarse, lo que les lleva a tardar más tiempo, que quedarse parados en un atasco. Lo esencial es llevar las riendas de la acción activamente en lugar de estar sentados con los brazos cruzados.

Bar Eli, un investigador israelí, realizó un estudio sobre el comportamiento del guardameta en un tiro de penalti. Desde el punto de vista estadístico, los tiradores de penaltis disparan alrededor de un tercio a la izquierda, a la derecha y al centro. En teoría, el portero tendría que permanecer un tercio del tiempo en el centro de la portería, pero solo lo hace en casos muy raros. Elige la izquierda casi en el 50 % de los casos y la derecha en casi el mismo porcentaje. El guardameta también se siente abrumado por la hiperactividad. Se ve y se siente mejor al actuar que al quedarse parado pasivamente en medio de la portería.

Como consejo para evitar el sesgo de la acción, a veces ayuda hacer una pausa momentánea, analizar la situación y no hacer nada más, en lugar de simplemente seguir el impulso de hacer algo.

7. La ilusión del cuerpo del nadador

La ilusión del cuerpo del nadador se utiliza siempre en psicología cuando se intercambia el criterio de selección con el resultado. ¿Qué significa esto? Supongamos que no estás contento con tu figura y ves a los deportistas de diferentes disciplinas en los Juegos Olímpicos por televisión. Notarás que sobre todo los nadadores tienen un gran físico que también te gustaría tener, por lo que a partir de ahora decides ir a nadar regularmente para conseguir un aspecto similar. Pero, después de un tiempo, te das cuenta de que tu cuerpo todavía no se parece al cuerpo de un nadador: te enamoraste de la ilusión del cuerpo del nadador porque los nadadores en la televisión no tienen un cuerpo tan fabuloso por nadar, sino que se han convertido en excelentes nadadores por tener un físico tan ideal por naturaleza para nadar. La constitución corporal es el criterio de selección y no el resultado.

La publicidad siempre utiliza este truco para vender sus productos. Como ejemplo típico, se puede hablar de la publicidad cosmética. Las mujeres de los anuncios no son guapas porque usan esos productos cosméticos, sino que anuncian los productos porque son guapas.

Otro ejemplo del deporte ilustra muy bien la ilusión del cuerpo del nadador. Los jugadores del FC Bayern de Múnich no son tan buenos porque juegan para ese equipo, sino que juegan para el Bayern de Múnich porque son jugadores muy buenos.

Por lo tanto, siempre hay que mirar con atención cuál es el criterio de selección y cuál es el resultado. Como hemos visto, confundir los dos aspectos es increíblemente fácil.

8. El efecto halo

En psicología social, el efecto halo describe el fenómeno de estar cegado por un aspecto y generalizarlo. El efecto halo eclipsa, por así decirlo, las verdaderas cualidades y no deja reconocerlas y se refiere principalmente a personas. Las cualidades positivas o negativas de una persona, como el atractivo, la experiencia o el estatus social, son tan sobresalientes que la impresión general se ve afectada de manera desproporcionada. Pero el efecto halo tampoco se puede personificar, por ejemplo, cuando un aspecto de una empresa eclipsa todas las demás características.

La publicidad sabe cómo utilizar bien el efecto halo, por supuesto. Así, las personas de un área anuncian productos de un área completamente diferente. El hecho de que Joachim Löw, el entrenador de la selección alemana de fútbol, tenga un gran éxito no significa que utilice la mejor crema facial ni que sea un experto en este tipo de cremas. La lógica interna de estas campañas publicitarias es objetivamente incomprensible pero exitosa, ya que el efecto halo suele permanecer inconsciente entre los consumidores.

Otro ejemplo:

La empresa Apple es conocida por fabricar teléfonos móviles de alta calidad con gran éxito. Si Apple fabricara un producto de un sector muy diferente, los consumidores también asumirían automáticamente la misma calidad para este producto. El éxito en un área oculta el resto de las características.

Para no ser víctima del efecto halo, solo es práctico observar con mucha atención. Borra el rasgo más obvio y mira de cerca todas las características.

9. La rueda hedónica

La psicología en la investigación de la felicidad se ocupa del efecto de la rueda hedónica. Este efecto describe la tendencia de los seres humanos a retornar a un nivel normal de felicidad muy rápido, después de eventos o cambios vitales extremadamente tanto positivos como negativos. El hombre sobreestima en gran medida por cuánto tiempo y con qué intensidad afecta a la felicidad un acontecimiento positivo o negativo.

Estudios sobre ganadores de la lotería han demostrado que se sienten tan felices después de una media de tres meses como antes de ganarla. Lo mismo ocurre con la gente que consigue un ascenso: por poco tiempo se sienten mucho más felices, pero después de un período más o menos corto la dicha regresa al nivel habitual.

Sorprendentemente, la gente experimenta eventos negativos casi de la misma manera. Incluso si una relación duradera se rompe o un buen amigo muere, después de unos tres meses te sientes tan bien como antes. Las encuestas entre parapléjicos muestran resultados similares en cuanto al efecto de la cinta hedónica. Los parapléjicos son casi tan felices después de un tiempo relativamente corto como antes de su parálisis.

Entonces, ¿cómo logras aumentar tu nivel de felicidad de forma permanente? Las investigaciones aún no han adquirido demasiados conocimientos fiables en este ámbito. La libertad en la gestión del tiempo y mucho tiempo libre también tienen un efecto positivo a largo plazo, mientras que las cosas materiales solo tienen un efecto positivo a corto plazo. Siempre que sea posible, se deben evitar los efectos negativos recurrentes, como por ejemplo quedarse parado diariamente en atascos de tráfico.

10 El sesgo egoísta

El sesgo egoísta podría traducirse como la evaluación de la autoestima, traducción que también describe muy bien el efecto psicológico. En el sesgo egoísta, tratas de atribuirte el éxito a ti mismo, a tu rendimiento y a tus habilidades, mientras que culpas de los fracasos a otros factores sobre los que no tienes control. El fenómeno del sesgo egoísta puede observarse en todas las áreas.

Imagínate a un jugador de fútbol entrevistado después de un partido. Su equipo acaba de ganar y este es su balance: «Hoy hemos jugado muy bien, hemos tenido una gran táctica, nos hemos preparado muy bien y hemos demostrado un gran trabajo en equipo». La autoestima está en lo más alto. El mismo jugador en una derrota reñida suele decir lo siguiente: «El tiempo era malo, el césped desastroso, el adversario extremadamente antideportivo y el árbitro pésimo. No había nada que pudiéramos hacer». Así que la derrota no tiene nada que ver con su propia actuación, con una mala preparación, alineación o táctica. Son solo los factores externos los que les llevaron a esta derrota. La autoestima queda a salvo de este modo.

Se puede observar un comportamiento similar en todas partes. Los políticos anuncian con orgullo que debido a sus acciones el número de desempleados ha disminuido, pero si este aumenta se debe a los factores externos sobre los que no tienen influencia. Los gerentes se enorgullecen de los excelentes resultados trimestrales que se han logrado gracias a su inmensa previsión y a las correctas medidas adoptadas. Sin embargo, si las cifras trimestrales son malísimas, la mala situación del mercado o de la economía no permitió un mejor resultado. La autoestima se mantiene alta: el sesgo egoísta ha atacado de nuevo.

Por supuesto, no está mal no tener la autoestima por los suelos después de cada fracaso, pero siempre debe haber un grado sano de autocrítica. Si no eres capaz de hacerlo por ti mismo, un buen amigo podría ayudarte.

11 El efecto Dunning-Kruger

El efecto Dunning-Kruger, a menudo también llamado efecto de exceso de confianza es el término que se utiliza cuando se sobreestima en exceso el conocimiento y la capacidad de previsión. En este caso, no importa si una sola estimación es correcta o no, sino que, en cambio, el efecto Dunning-Kruger mide la diferencia entre lo que realmente sabes y lo que crees saber.

Un ejemplo muy popular del efecto de exceso de confianza se puede encontrar en varias encuestas realizadas a conductores de automóviles. En teoría, solo la mitad de todos los automovilistas deberían considerarse buenos conductores por encima de la media. En las encuestas, sin embargo, los conductores se consideran superiores a la media en el 70 % en más del 90 % de los casos. Por lógica, eso es por supuesto imposible.

En el caso de los hombres, el efecto de exceso de confianza es algo más pronunciado que en las mujeres, e incluso los pesimistas se suelen sobrevalorar, aunque no tanto.

Para evitar la sobreestimación y reconocerla en los demás, ayuda mantener un ojo escéptico. Pregúntate si realmente te evalúas de forma correcta o si no te ha sobrevenido el efecto de exceso de confianza. Y cuestiona a los demás cuando te hablen de sus habilidades por encima de la media.

12. La falacia de la escasez

La falacia de escasez es un efecto psicológico que se explica de manera rápida. Afirma que el hombre, relativamente con independencia de la calidad del producto, muestra una preferencia por los bienes escasos de cualquier tipo. Esto, por supuesto, carece de lógica, ya que un producto no tiene una calidad superior solo por ser escaso. No obstante, la gente asocia un producto escaso con alta calidad y parece que le gusta su exclusividad.

Stephen Worchel, en una falacia de escasez, realizó una de las pruebas más conocidas. Pidió a dos grupos de sujetos que evaluaran la calidad de unas galletas. Un grupo recibió un paquete completo de galletas y el otro solo recibió dos galletas individuales. Por lo demás, las galletas eran idénticas. El grupo con las dos galletas las calificó con una calidad más elevada en cada prueba, y Worchel lo atribuyó a la falacia de la escasez.

No hace falta decir que las empresas y sus expertos en marketing han percibido desde hace tiempo el efecto de la escasez en la psique humana y se están aprovechando de él. Todos nos hemos encontrado con eslóganes publicitarios como «¡Solo hasta agotar existencias!», «Solo disponible en cantidades limitadas!» o «¡Solo disponible hoy!».

La mejor manera de no caer en la falacia de la escasez es seguir recordando que la escasez no tiene nada que ver con la calidad de un producto.

13. El sesgo de supervivencia

El sesgo de supervivencia en psicología se refiere a la extracción de una conclusión falsa. Esto significa que sobreestimas sistemáticamente la probabilidad de éxito de tus acciones o planes y sucede porque los éxitos generan mucha más visibilidad en la vida cotidiana que los fracasos. No logras darte cuenta de lo pequeña que es la probabilidad de éxito en un ámbito determinado porque los fracasos tienen una presencia bastante menor o nula en la cobertura informativa. Estadísticamente, estás sujeto a un sesgo de elección, lo que significa que consideras, según tu estimación, el número de fracasados frente a los que han tenido éxito en una proporción del todo equivocada.

Un ejemplo muy conocido del sesgo de supervivencia es el deseo de muchos jóvenes de convertirse en las próximas estrellas del rock. Los jóvenes ven constantemente a sus ídolos en la televisión o en Internet y escuchan sus canciones en la radio o en el reproductor de MP3 todo el tiempo. Lo que no observan es que a una estrella de rock célebre se le unen miles de músicos que no han logrado el éxito. No lo ven porque los medios de comunicación no informan de eso, y los jóvenes sucumben al sesgo de supervivencia.

El mismo principio se aplica a una gran selección de ámbitos. No importa si se trata de atletas, artistas, actores o ganadores del Premio Nobel, el éxito de los pocos eclipsa el fracaso de la gran mayoría.

Para no caer en la trampa del sesgo de supervivencia, investiga de forma activa casos de fracaso. ¿Crees que es fácil ser actor? Luego, por ejemplo, busca en Internet estadísticas sobre cuántas personas asisten a una escuela de teatro y cuántas tienen una trayectoria internacional estadísticamente.

14. El sesgo de agradar o gustar

El sesgo de agradar podría traducirse como «me gustas, luego pienso mal ». Es bastante obvio, pero siempre se vuelve a caer en él y viene a decir lo siguiente: cuanto más simpático encuentras a alguien, más tenderás a ayudarlo o a comprarle algo. Por regla general, te resultará simpática una persona que sea atractiva y que tenga similitudes en cuanto al origen, los intereses o la personalidad y a la que también le gustes tú. Esta circunstancia es utilizada, por supuesto, por una gran variedad de personas, organizaciones y, naturalmente, por la publicidad para la manipulación.

Los políticos suelen dominar muy bien la explotación del sesgo de gustar. Dependiendo de la audiencia, subrayan las similitudes contigo y te hacen sentir simpatía solo para que al final votes por ellos.

Las organizaciones de bienestar animal piden donaciones con fotos de aves siempre bonitas y hermosas. ¿Quién no siente compasión cuando te miran los ojos tristes de una foca? Las fotos de arañas o gusanos repugnantes no se buscan en estos eventos para recaudar fondos, aunque también pudieran estar en peligro de extinción.

Y, en efecto, la publicidad también utiliza el sesgo de agradar, puesto que se apoya en personas muy atractivas o que de alguna manera se parecen mucho a ti para que termines comprando el producto anunciado.

Como contramedida, te puede servir de ayuda imaginarte al otro antipático.

15. El sesgo de la asociación

La asociación en psicología describe la vinculación consciente e inconsciente de los pensamientos. En principio, las asociaciones representan algo bueno y a través de ellas se aprende; de hecho, la memoria trabaja con asociaciones. El sesgo de la asociación, por el contrario, se refiere a una combinación de dos pensamientos que en realidad no están en ninguna conexión causal o lógica. Este vínculo erróneo puede llevar a un comportamiento incorrecto o a conclusiones erróneas, que pueden influir negativamente en la calidad de tus decisiones.

El famoso experimento de Ivan Pavlov ilustra muy bien cómo funciona el sesgo de la asociación. Pavlov tocó la campana antes de darle al perro algo de comer y lo repitió antes de cada comida. Bastó poco tiempo para que, al escuchar la campana, el perro de Pavlov comenzara a producir saliva. Dos cosas que no tenían nada que ver entre sí estaban relacionadas: el sonido de la campana y la salivación.

En los seres humanos, estas conexiones funcionan de manera similar y también es la razón de que a la gente en general no le guste transmitir malas noticias. Aunque no tengas nada que ver con el contenido de la información, las malas noticias están vinculadas al portador del mensaje. Cuando veas de nuevo al informante de la mala noticia en el futuro, se te activará ese pensamiento negativo y tenderás a rechazar a esa persona. Este fenómeno también se denomina «síndrome de matar al mensajero» .

Por supuesto, la publicidad también trabaja con asociaciones. Así, por ejemplo, en un anuncio de chocolatinas nunca verías a un niño infeliz y con sobrepeso, sino siempre caras de niños riendo. Se supone que debes asociar la felicidad con la chocolatina.

Para prevenir el sesgo de la asociación, es útil cuestionar las propias asociaciones de vez en cuando. ¿Por qué no me gusta la persona X? ¿Por qué evito la situación Y? ¿Y por qué compro el producto Z? Es probable que descubras que solo has sido víctima del sesgo de la asociación.

16. La falacia del jugador

La falacia del jugador, también conocida como falacia de Montecarlo, describe la creencia errónea del ser humano de que existe un poder equilibrador del destino. Pero, por supuesto, no existe una fuerza de equilibrio para eventos independientes.

Si tiras una moneda y cae sobre tu cabeza, no afectará en el siguiente lanzamiento. La posibilidad de que la moneda vuelva a caer en la cabeza es tan alta como en número. Siempre hay un 5 0% de posibilidades y es independiente de los eventos anteriores. Ahora bien, especialmente los jugadores (de ahí el nombre) siempre cometen el error de ver probabilidades que dependen de eventos anteriores.

El mismo comportamiento se puede observar a veces entre los jugadores de lotería, quienes muy atentos mantienen un registro detallado de los números que no se han extraído en mucho tiempo y luego apuestan precisamente por esos números. Es obvio que se trata de una tontería porque los sorteos anteriores no tienen ninguna influencia en los siguientes. Todos los números tienen la misma probabilidad exacta de ser extraídos.

Así que la próxima vez que quieras probar suerte en el juego, es mejor que ignores cualquier resultado anterior.

17. El error de omisión

En la psicología del comportamiento se habla del error o sesgo de omisión cuando tanto una omisión como una acción pueden conducir a daños de cualquier tipo. En estas situaciones, el ser humano tiende a elegir la omisión porque el daño causado le parece menos malo. Además, la omisión de una acción suele estar menos sancionada que la acción, aunque ambas lleven al mismo resultado. Si se profundiza en el error de omisión, nos adentramos de lleno en los reinos filosóficos y éticos.

Aquí exponemos un pequeño experimento de pensamiento. Caso 1: Tu amigo está muy herido en una vía férrea y se acerca un tren. Podrías salvarlo sin dificultad, pero no lo haces. Tu amigo es atropellado por un tren y muere. Caso 2: Tu amigo y tú están de pie en las vías. A medida que el tren se acerca, lo empujas a la vía y tu amigo es atropellado por y muere. ¿Cuál de los dos actos es peor ahora? Ambos casos conducen exactamente al mismo resultado, pero sientes que el primer caso es menos malo. Este sentimiento es el sesgo de omisión. De manera objetiva y lógica, el primer escenario es tan malo como el segundo.

El mismo sesgo de omisión está anclado en la jurisprudencia. Piensa en la eutanasia activa, que está expresamente prohibida por el legislador en Alemania y sancionada en caso de incumplimiento. Sin embargo, La renuncia voluntaria a las medidas de mantenimiento de la vida está permitida y no está sancionada de ninguna manera. ¿Pero por qué es así? Porque aquí también funciona el sesgo de omisión. La omisión de una acción se percibe como menos mala que una acción, aunque ambas conduzcan al mismo resultado.

18. La paradoja de la selección

La paradoja de la elección describe el fenómeno de que demasiada elección dificulta mucho la toma de decisiones. A primera vista, es algo que sorprende, ya que una gran selección es en realidad algo positivo. Ahora bien, el exceso de opciones conduce a una serie de problemas. Primero: demasiadas opciones llevan a algún tipo de parálisis interna. La elección es tan grande que no puedes decidirte en absoluto. Segundo: demasiadas opciones conducen a decisiones peores. Debido al tamaño de la selección, ya no se puede tomar una decisión objetivamente razonable. Tercero: demasiadas opciones implican insatisfacción. No estás del todo seguro de qué opción debes elegir e incluso, si has decidido algo, estás descontento con la decisión.

El psicólogo Barry Schwartz realizó un experimento sobre la paradoja de la elección en un supermercado. Proporcionó a los clientes 24 variedades de mermelada para que las probaran y estos podían comprarlas con un descuento. Al día siguiente, les dio solo tres tipos de mermelada para probar y los clientes compraron unas diez veces más mermeladas ese día. Su conclusión: el primer día, el cliente se sintió muy abrumado por la enorme selección y, por lo tanto, decidió no comprar ninguna mermelada. Debido a este experimento, la paradoja de la elección a veces es referida como la paradoja de la mermelada.

19. El sesgo de resultados

El sesgo de resultados es la tendencia a evaluar la corrección de las decisiones únicamente sobre la base del resultado y a ignorar por completo el proceso de la toma de decisiones. ¿Pero por qué se trata de un problema?

He aquí un pequeño experimento de pensamiento: supongamos que tienes un examen la semana que viene donde solo se preguntará uno de los tres temas posibles. Como eres un poco perezoso, solo te preparas para un tema y, por suerte, este es justo el tema que sale en el examen y recibes una excelente nota. El resultado es correcto. Ahora supongamos que te preparas muy bien en la misma situación para dos temas y que, por falta de tiempo, solo estudias la mitad del tercero. Y, en efecto, el tema para el que peor preparado estás sale y solo obtienes una calificación mediocre. El resultado del primer caso es el mejor, pero el proceso que llevó a este resultado fue el equivocado. A largo plazo, este método no tendrá éxito.

Un segundo ejemplo: los entrenadores de fútbol son a menudo víctimas del sesgo de los resultados. Mientras los resultados sean correctos, las alineaciones o el control del entrenamiento no se cuestionan, pero desde que los resultados ya no son buenos pierden su empleo muy rápido incluso después de años de intenso trabajo de entrenamiento.

La lección: Cuestiona, tanto con resultados positivos como negativos, cómo se llegó a este resultado una y otra vez. Esta es la única manera en que se puede evitar el sesgo de los resultados. Los malos resultados no significan que las decisiones que tomaste antes fueran malas. Y los buenos resultados tampoco significan que las decisiones anteriores estuvieran bien.

20. El sesgo de autoridad

Siempre se habla de sesgo de autoridad cuando, debido a la presencia de una autoridad, se cambia el pensamiento independiente en gran medida. Eres, en general, mucho más descuidado y contrario a las opiniones de supuestos expertos que a las de otras personas. El hombre tiende a obedecer a las autoridades aun cuando no tenga sentido moral ni racional. Casi cualquier «experto» puede pasar como autoridad, sin importar si es médico, científico, político, profesor o consultor de empresas.

No se puede hablar del sesgo de autoridad sin mencionar el experimento de Milgram en 1961. Con él se demostró de manera impresionante el efecto del sesgo de autoridad. En este experimento, los sujetos de prueba fueron instados por el líder de la prueba (experto/autoridad) a ocasionar descargas eléctricas cada vez más fuertes a una tercera persona. La corriente osciló entre 15 y 450 voltios, lo cual fue realmente mortal. Incluso cuando la presunta víctima gritaba y se retorcía de dolor, la mayoría de los sujetos de la prueba aumentaban la corriente cada vez más siguiendo las instrucciones del líder. Más de la mitad de los sujetos que participaron en la prueba alcanzaron incluso la corriente más fuerte, y lo hicieron por pura obediencia a una autoridad. Por supuesto, en el experimento de Milgram, en realidad no fluía la electricidad y la presunta víctima era solo un actor.

Otro ejemplo de la existencia del sesgo de autoridad puede apreciarse en la formación de pilotos. Muchos accidentes de aviación se han debido a errores de pilotos que son advertidos por los copilotos, pero que, por respeto o miedo a la autoridad de aquellos, no se indicaban. En vista de ello, se modificó la formación de los pilotos y a los posibles aspirantes se les enseñaba, por así decirlo, fuera del sesgo de autoridad.

Para evitar el sesgo de autoridad, siempre debes mantener una actitud crítica respecto a los expertos.

21. El sesgo de confirmación

En psicología, el sesgo de confirmación se considera el padre de todos los errores de pensamiento. Se refiere a la tendencia a seleccionar e interpretar la información recién adquirida de tal manera que sea consistente con las propias teorías y creencias existentes. Esto también significa que la nueva información que contradiga esas teorías y creencias (prueba refutatoria) se filtra o simplemente se ignora. La predisposición a ignorar la prueba refutatoria puede ser peligrosa, razón por la cual los científicos usualmente se proponen presentar una nueva teoría sin buscar pruebas que la confirmen, sino evidencias que puedan refutarla. En casi todas las áreas, las personas cometen el error de confirmación o se aprovechan de él.

Los partidos políticos suelen utilizar (deliberadamente) el sesgo de confirmación para convencer a los votantes potenciales de la corrección de sus campañas electorales. Supongamos que uno de los partidos está en contra de los refugiados y que su lema es «los refugiados cometen delitos y se niegan a integrarse». A continuación, se centran en buscar información que confirme esta tesis. Solo se presentan y comparten historias en las que los refugiados aparecen como criminales, y la mayoría de los refugiados pacíficos e integrados se ignoran por completo.

Para evitar el sesgo de confirmación, siempre debes revisar tus teorías, tesis y creencias buscando datos contradictorios en lugar de confirmar la información. Se trata de algo de gran importancia sobre todo en la actualidad en tiempos de Internet, donde puedes encontrar rápido comunidades de personas con ideas afines.

22. El error de disponibilidad

Se cae en el error de la disponibilidad siempre que se tiene que evaluar la frecuencia, probabilidad o importancia de un evento, pero no se dispone de datos estadísticos reales. En lugar de a la información, se suele recurrir a ejemplos de la vida pasada o a reportajes de los medios de comunicación.

Fumar cigarrillos puede parecerte mucho menos peligroso porque tu tío ha estado fumando dos paquetes de cigarrillos al día durante 30 años, pero no ha presentado signos de cáncer de pulmón.

O imagínate que estás sentado en el aeropuerto con una Coca-Cola mientras esperas un vuelo. Durante ese tiempo, recuerdas el terrible accidente aéreo del año anterior, en el que murieron más de 200 personas y que fue cubierto por los medios de comunicación durante semanas y, entonces, empiezas a asustarte. No obstante, la probabilidad de que un avión se estrelle es muy baja. Estadísticamente, deberías preocuparte más por no beber demasiada Cola para evitar padecer diabetes. Cada año solo en Alemania, más de 100 000 personas mueren a causa de las consecuencias de esta enfermedad. Como personalmente no conoces ningún caso de diabetes en tu familia o círculo de amigos, juzgas mal las probabilidades.

Es bastante difícil competir contra el sesgo de disponibilidad y lo mejor es rodearte de amigos que tengan otras experiencias en sus vidas y que piensen diferente a ti.

23. El efecto de la falacia del costo hundido

La falacia del costo hundido o el error del costo irrecuperable siempre ocurre cuando uno sigue aferrándose a algo sobre la base de que ha invertido mucho dinero, tiempo, energía o amor en él, aunque objetivamente ya no tenga ningún sentido hacerlo. En otras palabras, cuanto mayor sea tu inversión anterior, más difícil te resultará declarar que un determinado proyecto ha terminado o fracasado.

Existen innumerables ejemplos de la falacia de los costos hundidos. Supongamos que estás en el cine y llevas unas hora viendo una película que te parece horrible. Sería lógico levantarte y no ver más la segunda parte para no perder más tiempo. Pero, en su lugar, sin permaneces sentado en la sala del cine, ya que has invertido tiempo y dinero. Sin embargo, al seguir sentado, se pierde aún más tiempo sin una razón objetiva razonable. Has sido víctima de la falacia del costo hundido.

Un consejo para evitar caer en la trampa del costo irrecuperable es saber que los costes ya invertidos suelen ser (relativamente) irrelevantes. Lo que en realidad cuenta es la situación actual y el posible desarrollo en el futuro.

24. El efecto de contraste

En psicología, el efecto de contraste describe las dificultades que tiene una persona para hacer juicios absolutos, ya que casi siempre los ve en relación con otros. Por ejemplo: algo puede parecer más bonito cuando está al lado de algo feo; o algo ligero puede parecer más pesado cuando se compara con algo aún más liviano.

Un ejemplo concreto: quieres comprarte un nuevo teléfono móvil, pero por alguna razón cuesta 1500 euros en lugar de solo 1000 euros. Lo normal es que no lo compres el recargo te parece muy alto. Ahora piensa que quieres comprarte el coche de tus sueños que suele valer 40 000 euros, pero ahora cuesta 40 500 euros. En este caso, es probable que compres el coche. ¿Pero por qué te decides de una manera en una situación así y de otra forma en otro contexto diferente? En ambos casos, pagarías 500 euros de más. Ahora bien, debido al efecto de contraste, valoras la suma de 500 € una vez excesiva y una vez mínima, aunque siempre se trate de la misma cantidad.

A menudo, nos evaluamos a nosotros mismos en el contexto del efecto de contraste. Por ejemplo, cuando ves a las bellezas de Hollywood en la televisión, a veces no te sientes tan bien contigo mismo. Pero, cuando te encuentras con un vecino corriendo por la calle en chándal y es un poco más mayor y tiene sobrepeso, tu imagen te parece mucho más positiva. Aunque en los dos escenarios eres la misma persona, te evalúas a ti mismo de manera completamente distinta.

25. Pereza social

La pereza, holgazanería social o parasitismo siempre se observa cuando el rendimiento del individuo no es directamente visible, sino que se funde con el del grupo. La pereza social puede observarse tanto en el rendimiento físico como en el mental.

Aquí exponemos un ejemplo de cada una de las dos áreas:

en un experimento, se midió la cantidad de fuerza necesaria para tirar de una cuerda. El índice básico utilizado fue la cantidad de fuerza que existe cuando tira una sola persona (100 %). Si dos personas tiran de una cuerda, solo se utiliza el 93 % de su fuerza, si son tres solo el 85 %, y en el caso de ocho solo emplean el 49 % de la fuerza. Parece un reflejo natural no invertir toda la fuerza, si funciona con menos. Más interesante y comprensible es el rendimiento en una carrera de relevos. En este caso, cada corredor da el 100 % porque el rendimiento individual es obvio y a nadie le gustaría destacar de forma negativa por un esfuerzo individual débil.

Como ya se ha mencionado, la pereza social no solo tiene lugar durante el trabajo físico, sino también durante en tareas cognitivas. Casi todos lo hemos experimentado durante la época escolar en los trabajos en grupo. Incluso cuando los mejores estudiantes trabajan juntos, suelen rendir menos que si trabajaran solos: una consecuencia de la holgazanería social. Cada persona del grupo hace lo justo para no ser excluido del grupo o para que su reputación/popularidad se vea perjudicada.

La pereza social es difícil de contrarrestar y, de alguna manera, bastante natural. Una manera de combatir el parasitismo es tratar de hacer visibles los logros de los miembros individuales del grupo.

Epílogo

En primer lugar, me gustaría agradecerte de todo corazón que hayas leído el libro hasta el final. Esto también demuestra que tienes la voluntad necesaria para cambiar. Ahora solo se trata de poner en práctica lo que has aprendido.

Intenta siempre establecer metas realistas a la hora de implementar este libro. De este modo, pronto descubrirás que estás un gran paso hacia el objetivo deseado. Además, al principio ya hablamos de lo importante que es la autoeficacia: no tienes que probarle nada a nadie excepto a ti mismo. Y para tener éxito, es importante fijar objetivos realistas desde el comienzo. Si lo haces, también apreciarás rápidamente que los mecanismos negativos se van debilitando paso a paso. Solo tienes que asegurarte de no sobrecargarte desde el principio y, además, siempre puede resultar útil enfocarte una tercera persona para lograr sus objetivos. En el caso específico de los 25 mecanismos psicológicos presentados en el libro, te será más difícil reaccionar adecuadamente en unos que en otros debido a los antecedentes psicológicos que hay en el transfondo y, para ello, primero debes desarrollar un sentimiento o un pensamiento consciente del efecto psicológico subyacente.

Con estas palabras, también me gustaría despedirme de vosotros y desearos mucho éxito en la implementación de este libro.
Justin Santiago

Aviso legal

La obra, incluidos todos sus contenidos, está protegida por derechos de autor. Queda prohibida la reimpresión o reproducción, total o parcial, así como el almacenamiento, procesamiento, reproducción y distribución con la ayuda de sistemas electrónicos, en su totalidad o en parte, sin el permiso por escrito del autor. Todos los derechos de traducción reservados.

El contenido de este libro ha sido investigado en fuentes acreditadas y verificado con sumo cuidado. Sin embargo, el autor no asume ninguna responsabilidad en cuanto a la actualidad, exactitud e integridad de la información proporcionada.

Se excluyen las reclamaciones de responsabilidad civil contra el autor que se refieran a daños de naturaleza física, material o ideológica, ocasionados por la utilización o no utilización de la información proporcionada, o bien por el uso de información incorrecta e incompleta, a menos que se demuestre falta intencional o negligencia grave por parte del autor. Este libro no sustituye al asesoramiento ni a la asistencia médica o profesional.

Este libro se refiere a contenido de terceros. El autor declara expresamente que en el momento de la creación de los enlaces no se detectaron contenidos ilegales en las páginas enlazadas. El autor no tiene ninguna influencia sobre los contenidos de los enlaces. Por lo tanto, el autor se desvincula explícitamente de todos los contenidos de cada una de las páginas enlazadas que hayan sido modificadas después de la creación. Solo el proveedor del sitio al que se hace referencia, y no el autor de este libro, es responsable de cualquier contenido ilegal, incorrecto o incompleto y, en particular, de los daños que se puedan producir a partir del uso o no uso de dicha información presentada.

www.ingramcontent.com/pod-product-compliance
Lightning Source LLC
La Vergne TN
LVHW011304210726
843509LV00016B/786